AF258585

LOUÉ SOIT JÉSUS-CHRIST

A LA MÉMOIRE D'UNE MÈRE BIEN-AIMÉE

Madame BERNARD

née Anna-Adèle HURÉ

Décédée à Amiens dans la paix du Seigneur
le 24 Août 1875

PIEUX SOUVENIRS

écrits

POUR UNE FAMILLE AFFLIGÉE

« Me voici, moi, et ces chers enfants
que Dieu m'a donnés... Je les ai gardés,
et je leur ai donné, ô Père, votre parole,
et pour eux je me suis sanctifié moi-
même, afin qu'eux-mêmes, ils fussent
sanctifiés dans la vérité. »

(Ap. HEBRÆ. II. 13 — JOHN. XII. 24.)

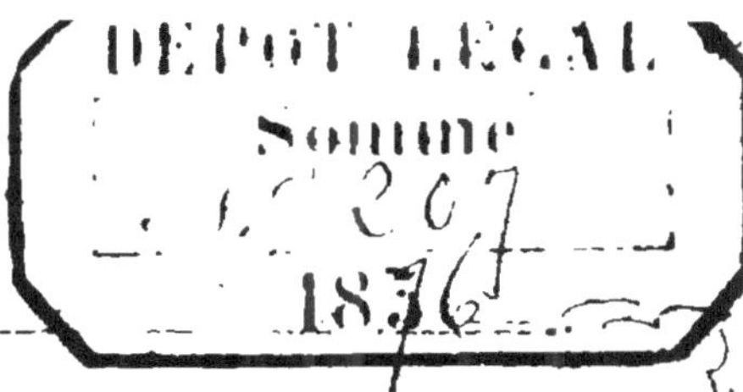

LOUÉ SOIT JÉSUS-CHRIST

A LA MÉMOIRE D'UNE MÈRE BIEN-AIMÉE

Madame BERNARD

NÉE ANNA-ADÈLE HURÉ

Décédée à Amiens dans la paix du Seigneur
le 24 Août 1875

PIEUX SOUVENIRS

ÉCRITS

POUR UNE FAMILLE AFFLIGÉE

« Me voici, moi, et ces chers enfants
que Dieu m'a donnés .. je les ai gardés,
et je leur ai donné, ô Père, votre parole :
et pour eux je me suis sanctifié moi-
même, afin qu'eux-mêmes, ils fussent
sanctifiés dans la vérité. »

(AD HEBR. II. 13   JOAN. XII. 24.)

AMIENS

TYPOGRAPHIE ALFRED CARON FILS ET Cⁱᵉ

73. rue du Lycée. 73

1876

Cette notice n'est pas un panégyrique, mais un exposé simple et fidèle de la vie et de la mort d'une mère qui vient d'être enlevée à l'affection de ses enfants, et où rien n'est dissimulé, ni exagéré, ni artificieusement présenté. La main qui l'a tracé est, il est vrai, celle d'un fils, encore tout émue d'amour et de douleur, mais la vérité ne saurait pour cela en être altérée, car c'est surtout pour lui restituer tous ses droits que j'ai entrepris d'écrire ces quelques pages.

Puissent-elles consoler et édifier !

c'est le seul but que je me propose et toute la récompense que j'ambitionne. Sinon, j'aurai du moins le mérite de l'avoir tenté, et la joie d'avoir contribué peut-être, dans une faible part, à sauver de l'oubli la pieuse mémoire de celle qui sera toujours si chère à mon cœur.

> Fili mi,..... ne dimittas legem matris
> tuæ..... liga ea in corde tuo jugiter,
> et circumda gutturi tuo. Cum ambula-
> veris, gradiantur tecum ; cum dormie-
> ris, custodiant te, et evigilans loquere
> cum eis.
>
> Mon Fils...... n'abandonnez pas les
> leçons de votre mère..... Portez-les sans
> cesse dans votre cœur, attachées à votre
> cou. Qu'elles vous accompagnent, lorsque
> vous marchez : qu'elles veillent autour
> de vous, lorsque vous reposez ; qu'elles
> soient votre entretien à votre réveil.
>
> PROV. VI. 20-23

C'est à vous, mes frères et mes sœurs, que je destine cet humble récit. C'est à vous, les premiers, que revient l'héritage des enseignements précieux de votre mère, et c'est dans vos cœurs que je veux enchâsser l'histoire de ses vertus et de ses souffrances, pour qu'elles y reçoivent un culte filial de vénération, de tendresse, et mieux encore, d'imitation.

Bien des souvenirs s'effaceront ; que celui-là du moins demeure et grandisse toujours dans nos cœurs ! Pour nous, la vie intime de la famille est dissoute aujourd'hui. L'âge, l'éloignement, nos destinées différentes, ont bien élargi la trame, autrefois si serrée, de nos mutuels rapports : que ce mémorial domestique reste à jamais notre lien commun.

En le relisant, nous y respirerons l'âme de notre mère ; et ce souffle si doux, en passant sur nos âmes, les fera vivre dans une atmosphère plus élevée et toute céleste.

Quant à elle, elle ne nous manquera pas ! En possession de la divine Charité qui nous l'a ravie, elle n'en sera que plus empressée à nous couvrir des ailes de sa maternelle protection ; elle conduira notre barque à travers les écueils de la mer orageuse de ce monde ; de la rive opposée où elle a abordé, elle nous assistera au grand passage, et, sans qu'il en manque un seul, nous recueillera au port toujours tranquille de la bienheureuse Éternité !

NOTICE

SUR LA VIE ET LA MORT

DE

MADAME BERNARD

> Tibi derelictus est pauper : orphano tu eris adjutor.
>
> C'est à vous, ô mon Dieu ! que le soin du pauvre a été laissé, c'est vous qui serez le protecteur de l'orphelin.
>
> PSAL. IX 11.

I.

Madame Bernard, née Anna-Adèle Huré, naquit à Amiens, le 18 juin 1814. Elle était laseconde des trois filles que son père, François Huré, eut de son mariage avec Louise Lefebvre.

Son père, tailleur de sa profession, jouissait d'une modeste aisance. Il ne manquait

pas de certaines qualités ; malheureusement
l'insouciance et d'autres défauts plus graves
encore, lui firent souvent négliger ses devoirs, et, bien que toujours il restât honnête homme et ne se départît jamais des pra-
tiques essentielles de la religion, il n'apporta,
il faut le dire, ni dans ses rapports avec sa
femme, ni dans l'éducation de ses enfants,
le dévouement et la tendresse qu'on était
en droit d'attendre de lui.

La mère d'Anna était originaire d'une famille de Mailly, où la foi et les vertus chrétien-
nes avaient toujours été en grand honneur.

Ainsi, il était d'usage que, chaque dimanche, après les offices de la journée,
tous les membres de la maison se réu-
nissent pour réciter, en commun, tantôt
l'office des morts, tantôt les sept psau-
mes de la pénitence. Au dire de sa
fille, elle était très-douce, très-affec-
tueuse et pleine de vigilance pour ses enfants, à qui elle s'efforçait d'inculquer les

sentiments de la plus tendre piété, dont elle était elle-même pénétrée.

Nous ne connaissons que fort peu de choses sur les premières années de l'enfance d'Anna. Nous savons seulement qu'elle fut élevée, pendant quelque temps, à Mailly, dans la maison de son aïeul, et que, plus tard, de retour au foyer paternel, elle sut, par les qualités aimables de son cœur, se faire tendrement aimer de son père. Il suffisait que la petite Anna lui demandât quelque chose pour qu'il accédât aussitôt à son désir. La mère se servait souvent de cet ascendant secret que sa fille exerçait sur la volonté de son mari. Quand elle était inquiète de ne pas le voir revenir, à l'heure accoutumée, ou bien encore lorsqu'il lui avait refusé quelque chose, elle envoyait l'enfant : « Anna, lui disait-elle, va chercher Papa ! » Celle-ci courait, et par ses caresses, autant que par ses larmes, et les paroles qu'elle balbutiait, ramenait son père, ou obtenait de lui ce qu'il n'avait pas voulu accorder à sa femme.

Anna, de son côté, rendait bien à ses parents l'amour qu'ils ressentaient pour elle. Soixante ans plus tard, le souvenir de son père et de sa mère était encore vivant dans son cœur. Ni le temps, ni les souffrances de toute sa vie, n'avaient pu éteindre en elle l'affection tendre et sincère qu'elle leur avait vouée. Ses enfants n'abordaient ce sujet qu'avec beaucoup de réserve ; ils sentaient que la plaie était encore saignante, et que ces lointains souvenirs ravivaient dans son âme une douleur qui ne s'était jamais effacée.

Dieu, qui devait lui donner une si large part à ses souffrances, lui en fit bientôt connaître les déchirements. A peine était-elle âgée de quatre ou cinq ans, que la mort lui enleva sa petite sœur. Elle s'était éprise pour elle d'un très-vif amour, aussi rien ne pouvait la consoler. Malgré son jeune âge, elle aimait à se rendre au cimetière où, plus tard, elle devait elle-même reposer, et là, seule, à genoux, elle arrosait de ses pleurs la tombe de sa chère Adèle, l'appelait de son nom, et se prenait à s'entretenir avec elle.

La source de ses larmes était à peine tarie qu'elle se rouvrit bientôt. Presque coup sur coup, à deux années seulement de distance, elle perdit sa mère et son père. La mort de ces deux personnes si chères à son cœur fut pour elle un coup de foudre. Elle avait, sans cesse, devant les yeux, l'image de son père. Le triste souvenir de cette perte était, pour elle, un sujet continuel d'amers regrets. Quelque temps après, passant dans une rue de Paris, où elle se trouvait alors, ses regards tombèrent par hasard sur un homme dont les traits étaient semblables à ceux de son père. Anna, pleine des pénibles pensées qui assiégeaient son âme, crut voir, en cet étranger, celui qu'elle pleurait, et n'écoutant que l'instinct irréfléchi de son cœur : « Ah ! Papa ! » s'écria-t-elle, en se précipitant vers lui. Elle s'aperçut bientôt de sa méprise, et, toute bouleversée par cette douloureuse émotion, elle se hâta de rentrer chez sa tante où elle tomba évanouie.

Orpheline à neuf ans, Anna fut recueillie avec sa sœur Louise par l'une de ses tantes. Félicité Lefebvre (c'était son nom) était mariée à un homme dont le caractère dur et fâcheux, loin de consoler la douleur de sa pupille, ne faisait que l'aigrir, et ses enfants eux-mêmes, connaissant l'infériorité de la position de leur pauvre cousine, ne manquaient pas à tout instant de la lui faire sentir. Depuis quelques années, elle avait été placée chez les Sœurs de la Providence, qui avaient une école à Amiens, rue des Cordeliers. Anna était très-aimée de ses maîtresses et, en particulier, de la sœur Uline, la Supérieure. Elle devait cela à la pénétration de son intelligence, à son amour pour le travail, à sa bonne tenue, à sa piété. On se hâta de la retirer pour la faire travailler et gagner péniblement sa vie. Le soir, lorsqu'elle revenait, on lui imposait une nouvelle tâche, et, quand la pauvre enfant n'en pouvait plus, elle recevait quelquefois pour tout salaire un simple morceau de pain qu'on daignait à peine lui présenter. Un jour, qu'elle avait encouru le ressentiment de son oncle, celui-ci lui déclara formellement qu'il ne voulait plus la garder chez lui. Abandonnée de tous, Anna fut alors contrainte ds se retirer dans un grenier qui l'abrita pendant quelque temps, et où sa tante, touchée de compassion, lui apportait, en secret, à peine de quoi soutenir sa misérable existence.

Là, elle ne tarda pas à succomber à tant de privations. Chose douloureuse à dire ! Dans son dénûment absolu, elle avait seulement, pour calmer les souffrances que lui causait la maladie et étancher la soif qui la dévorait, un peu d'eau puisée dans une cruche qu'on lui avait laissée. Mais, par une protection manifeste de Dieu, ce qui devait, selon toute prévision humaine, amener sa mort, fut l'occasion de son salut : elle guérit.

Une autre fois, n'ayant rien reçu à manger, elle dut passer le temps consacré au repas dans l'église Saint-Remi, sa paroisse, en attendant que l'heure de retourner à son travail fut arrivée. Car alors toute sa consolation était de recourir à Dieu et de déposer dans son sein les peines profondes de son jeune cœur, le conjurant de ne pas l'abandonner et de venir au secours de sa misère.

L'époque de sa première communion approchait. On comprendra facilement avec quelle sainte ardeur, elle voyait arriver le jour où elle devait recevoir Celui qui est le Père des pauvres et le Consolateur des orphelins. Une personne qui a assisté avec elle au catéchisme, nous a affirmé que pendant toute l'année que dura la préparation, on n'avait jamais eu le moindre reproche à lui faire. Elle nous disait aussi quelle était la justesse de ses réponses et la bonne édification qu'elle répandait autour d'elle. On se plaisait à la proposer à l'imitation de ses jeunes compagnes, et toutes, du reste, rendant justice à la piété, à la modestie de la pauvre orpheline, l'aimaient comme une sœur et l'admiraient comme un modèle presque achevé de toutes les vertus de leur âge.

Ce fut le 13 juin 1826, à l'âge de 12 ans, qu'elle reçut, pour la première fois, le pain des Anges, des mains du vénérable Monsieur Léraillé, déjà alors, doyen de la paroisse Saint-Remi.

La joie que la jeune fille éprouva en cette occasion, fut toute pour son âme, car aucune de ces consolations extérieures qui ne manquent jamais aux enfants, en ce beau jour de fête, ne lui fut accordée

Personne au monde ne s'était occupé

d'elle. Il lui fallut pourvoir par elle-même aux préparatifs de sa pauvre toilette, et il n'est pas jusqu'à la robe que sa sœur aînée lui avait transmise, qu'elle ne dût laver. blanchir, repasser de ses propres mains. Et quand elle se rendit à l'Eglise, son cœur fut bien gros de tristesse, en voyant ses compagnes conduites par leurs parents, tandis qu'elle seule venait sans un ami pour l'accompagner et partager son bonheur !

Les années qui suivirent sa première communion, ne différèrent en rien de celles qui l'avaient précédée, si ce n'est peut-être que la jeune fille souffrait davantage, parce qu'elle était plus à même de sentir sa douleur et de comprendre sa triste position. Si la pauvreté est déjà par elle-même une si pesante épreuve, combien l'est-elle davantage lorsque, à toutes les douleurs du corps, vient encore se joindre, pour l'âme, l'absence de toute affection ! Or, c'était le cas pour Anna : la vie ne lui apparaissait que comme

un vaste désert où elle était perdue, sans une
main qui la relevât dans ses défaillances,
sans un cœur qui lui prêtât l'appui de son
amour. Ceux-là seuls qui ont connu cette
femme si tendre, si sensible, si affectueuse
pourront deviner quelles furent alors ses
souffrances !

Anna n'y put tenir plus longtemps et espérant trouver plus d'affection chez une autre
tante qui habitait Paris, elle résolut de
se rendre auprès d'elle. Un jour donc,
ayant pris congé de son oncle, elle partit
pour la capitale, à pied, sans ressources, et
n'ayant pour vivre, pendant ce pénible voyage, que les rares économies, fruits de ses
nombreuses et longues privations. Arrivée à
Paris, la jeune fille se rendit chez sa tante.
Julie Lefebvre avait d'excellentes qualités :
elle était pieuse, amie de l'ordre et du travail, mais, semblable en cela à son beau-
frère d'Amiens, elle avait un caractère bizarre
et quelque peu acariâtre. A peine sa nièce lui

eut-elle exposé le motif de son voyage, qu'elle se mit à lui reprocher avec aigreur son inconstance et son insubordination. Bref, après maintes paroles amères, elle refusa de la recevoir. C'est alors qu'Anna, ne sachant que devenir, perdue au milieu de Paris, avec sa timidité naturelle et l'inexpérience de son âge, se dirigea vers l'Eglise de Saint-Pierre, au gros Caillou, qu'elle trouva sur sa route. Elle y entra et y passa la nuit, cachée derrière un pilier. Le lendemain cependant, sa tante eut honte de la dureté avec laquelle elle avait traité sa pauvre nièce. Elle la reçut, lui fit prendre quelque nourriture et un peu de repos, puis la plaça dans une maison pour s'occuper à des travaux d'aiguille et gagner ainsi son pain de chaque jour. Le Dimanche seulement, elle retournait chez sa tante. Ce jour était pour ses compagnes un jour de fête et de plaisir, tandis qu'il était pour Anna le plus triste de la semaine, et le lendemain quand elle entendait parler des amusements de la veille, elle ne pouvait que se taire et garder pour elle les pénibles impressions qu'elle conservait des quelques heures passées dans la maison de sa tante. Car, loin de fêter son retour et de lui accorder quelque douceur, celle-ci ne lui montrait qu'un visage froid et sévère. Plus tard, moitié en souriant, moitié en pleurant, Anna aimait à raconter à ses enfants les avanies de toutes sortes que cette femme capricieuse lui faisait subir, et comment le pauvre dîner qu'elle prenait chez sa maîtresse, était encore préférable à celui qu'elle recevait, le dimanche, des mains de sa tante Julie.

Telle est la touchante histoire de ses dix-huit premières années. On le voit, cet âge qui est pour tant d'autres le temps de la joyeuse insouciance, ne fut pour elle qu'une suite non-interrompue de souffrances et de sacrifices. C'est ainsi que Dieu préparait dans le silence et dans la douleur cette femme généreuse qui devait un jour devenir mère d'une si nombreuse famille et faire de l'amour le plus fort et du dévouement le plus absolu, la loi unique de toute sa vie. Marie aussi la soutenait et lui donnait le courage de souffrir tout bas et de ne se plaindre jamais. Un saint prêtre, Monsieur Landrieu, curé de la paroisse du Gros-Caillou, n'avait pas peu contribué, par ses paroles, à donner un nouvel essor à la confiance qu'Anna avait toujours eue en Celle qu'elle regardait comme sa mère. Chaque jour, sur l'avis de son confesseur, elle ajoutait aux litanies de la Vierge, cette simple et touchante invocation : *Mater orphanorum ! Ora pro nobis*, Mère des orphelins ! priez pour nous. Marie ne resta pas sourde à sa prière, et comme première récompense de la foi qu'elle avait eue en son puissant secours, elle lui fit rencontrer un jeune homme, dont les sentiments étaient bien à la hauteur de ceux de la jeune fille qu'il allait épouser.

Avant d'entrer dans les détails de cette seconde période de la vie d'Anna, montrons, dans leur ensemble, les traits les plus saillants de son aimable physionomie. Tout ce que nous dirons après de sa conduite, les citations de sa correspondance, les faits principaux de sa vie n'en seront que la vérification.

Un mot résume l'impression de ceux qui ont plus particulièrement connu Madame Bernard : C'était une belle âme ! Cependant rien à l'extérieur ne laissait deviner les trésors qu'elle recélait. Mais si on l'approchait de plus près, si l'on pénétrait plus avant dans son intimité, on voyait aussitôt que sous ces modestes dehors se cachaient les dons les plus précieux de la nature et de la grâce. Outre une énergie de volonté peu commune, elle possédait encore une intelligence bien supérieure à celle de la plupart des personnes de sa condition. Ses vues étaient élevées, son intuition grande, son jugement droit et sûr. Le bien, le vrai, le beau l'attiraient puissamment. C'était un bonheur de lui parler des grandes choses de Dieu et de l'âme avec lesquelles la foi l'avait depuis longtemps familiarisée. Toute sa vie, elle fit ses délices de la vie des saints et de la Bible, dont les magnifiques tableaux et les récits sublimes ravissaient son âme. Mais ce qui dominait en elle, c'était une exquisse sensibilité. L'amour débordait de son cœur et la portait, comme par instinct, à tout ce qui est grand, noble et généreux. On ne pouvait s'empêcher de l'aimer, parce qu'elle voulait du bien à tout le monde, et qu'elle trouvait toujours une consolation pour les affligés, et un conseil pour ceux qui avaient recours à elle.

Cependant, à côté de ses brillantes qualités, elle avait un défaut que nous ne tairons pas, pour rester dans les bornes étroites de la vérité. Du reste, il était racheté par tant de vertus, qu'il ne saurait nullement en obscurcir l'éclat.

Elle avait, nous venons de le dire, la

passion du bien, mais peut-être que parfois elle ne le voulait pas avec assez de modération. Elle souffrait des contradictions qu'elle rencontrait, et s'impatientait des retards que l'on mettait dans l'exécution de ses projets, ou des obstacles que l'on dressait devant elle. Cette vivacité excessive ne disparut jamais entièrement : soit qu'il eût fallu pour la guérir plus de calme et de repos ; soit que Dieu, comme l'a remarqué avec tant de tact et de justesse une femme d'un grand esprit, se plaise à laisser dans les âmes les plus parfaites, certaines faiblesses, comme on laisse dans un terrain qu'on a rasé des monceaux de terre appelés témoins, afin que l'on voie mieux par le contraste, le travail que la grâce a opéré en elles.

II.

Celui qui a entrepris d'élever à la mémoire
d'une mère bien-aimée ce petit monument de
son amour filial, croirait avoir mal deviné les
instincts de cette âme délicate, s'il ne disait
ici quelques mots à la louange de celui à qui
Anna va unir sa vie tout entière. Du haut
du Ciel, elle sourira à ces paroles et son
cœur sera réjoui en entendant proclamer
quelques unes des vertus d'un époux qu'elle
a si tendrement aimé.

Monsieur Edouard-Sylvain Bernard appar-
tenait à une famille d'Amiens où prédomi-

nait la crainte de Dieu. Elevé par une mère
chrétienne, entouré des conseils d'un père
aussi honorable par sa science que par son
mérite, il avait puisé dans l'éducation qu'il
avait reçue de ses parents, l'amour de la
religion et du devoir. Employé à cette époque, comme simple ouvrier, chez un marchand
ferblantier de la ville, il n'apportait pas à
la jeune fille qu'il allait épouser, les biens
de ce monde ; mais il avait à lui offrir ce
qui est bien plus précieux que les richesses de la terre : des convictions solides,
une âme droite et un amour pour le travail
qui ne se démentira jamais. Leurs natures
n'était pas les mêmes, mais sous ces dehors
différents se cachaient deux cœurs bien faits
l'un pour l'autre, parce qu'au fond ils avaient
les mêmes tendances et les mêmes besoins.
Du choc de ces deux caractères, il pourra
parfois s'élever une dissension d'un jour,
mais il est un point sur lequel ils ne manque-
ront jamais de se rencontrer, à savoir qu'il

faut toujours servir Dieu, toujours s'aimer et toujours se dévouer.

Tel est l'homme que Marie destine à cette jeune fille qui a d'autant plus besoin d'affection, que depuis longtemps elle n'en a ni connu les charmes ni savouré les délices. Certes, le temps des tribulations n'est point fini : ce qu'on a lu jusqu'ici n'en est même que le faible commencement. Mais désormais, elle ne sera plus seule à en porter le poids douloureux. Quelqu'un sera là pour la protéger et la défendre, et, à l'heure de l'intimité et du silence, elle pourra déverser dans le cœur de son époux le trop-plein de ses souffrances, et y chercher, sinon un remède, au moins une consolation. On souffre moins quand on souffre à deux.

Le mariage eut lieu à l'Eglise St-Germain, le 13 juin 1832. Monsieur l'abbé Decoisy, vicaire de la paroisse, bénit leur union. La cérémonie se fit sans éclat, et, le jour même, les deux époux, avares d'un temps dont ils connaissaient tout le prix, retournèrent à leurs occupations habituelles. Madame Bernard était heureuse, mais cette joie n'était pas sans quelque mélange de tristesse. On dit que, retirée dans la petite chambre qui avait été louée sur le marché Lanselles, elle se prit à pleurer, sans cause apparente, mais comme effrayée de l'avenir qui s'ouvrait devant elle, et dont elle entrevoyait peut-être les amertumes. Habituée à souffrir depuis sa plus tendre enfance, elle ne pouvait pas croire au bonheur que tant d'autres, à sa place, se seraient promis. C'est, du reste, le propre des âmes élevées de trouver un sujet de larmes, là où tant d'autres, par indifférence ou plus encore par irréflexion, ne voient qu'une cause de joie. Ne leur demandez pas pourquoi elles pleurent : elle-mêmes ne sauraient vous le dire. Elles ne comprennent pas le sujet de leur peine, mais elle la sentent.

Et comme pour justifier ses larmes, le hasard permit que le premier objet qui s'offrit aux yeux de la jeune épouse, en prenant possession de l'appartement qu'on avait choisi. fut une gravure représentant une des scènes du Chemin de la Croix. On eût dit que Dieu voulait lui montrer par là la voie par laquelle il devait la conduire. L'image fut détachée du mur où elle était collée, on la fit encadrer et elle occupa toujours depuis, une place d'honneur, dans la chambre de Madame Bernard, comme un pieux souvenir du premier jour de son mariage.

Les commencements furent bien pénibles. Monsieur Bernard travaillait avec toute l'activité dont il était capable ; elle, de son côté, vaquait aux soins du ménage. Et cependant, ce ne fut qu'à force de sacrifices et d'économie qu'ils pouvaient subvenir aux besoins de chaque jour. Une fois même, Madame Bernard se vit forcée d'employer aux rigoureuses nécessités du moment, ces quelques pièces de monnaie que le prêtre distribue aux nouveaux mariés, en signe de la communauté de leurs biens. Ce fut pour elle un vrai chagrin. Elle se jeta à genoux et, dans sa piété naïve, demanda à Dieu la permission de s'en servir, en le priant de les lui rendre au centuple. Dieu l'exauça, et malgré la naissance successive de beaucoup d'enfants, une honnête aisance fit bientôt place à la misère des premières années.

En effet, Monsieur Delarozière, chez qui Monsieur Bernard était entré, plein d'estime pour le jeune homme qui travaillait chez lui, l'associa à son commerce, avec la promesse de lui laisser un jour la succession de ses affaires. Cette espérance ne s'étant pas réalisée, Monsieur Bernard s'établit en son propre nom, et ouvrit, dans la rue de Beauvais, une maison que Dieu bénit, et qui, dans la suite, acquit une importance qui alla toujours croissant.

Le trait suivant fera encore mieux ressortir la protection que le Ciel accorda à la maison qu'il venait de fonder. Des travaux plus importants lui ayant été confiés, il dut faire une plus ample provision des matériaux nécessaires à cette entreprise. C'était dans les premières années de leur établissement, et la gêne n'avait pas encore entièrement disparu, si bien que, l'époque de l'échéance arrivée, il lui était impossible de la couvrir. En vain, les deux époux priaient-ils avec ferveur le bon Dieu de venir à leur secours et de les retirer de cette poignante position, ils ne trouvaient aucun moyen d'en sortir. Découragé, n'en pouvant plus, Monsieur Bernard, plein de ces sombres idées, entre dans une église qu'il rencontre sur sa route, et là, supplie St-Joseph de ne pas les abandonner au moment où ils ont un si grand besoin de sa protection. Le bon Saint ne resta pas longtemps insensible à leurs prières, et leur étonnement fut grand ainsi que leur joie, lorsque le jour même, une personne dont ils s'étaient attiré l'estime, vint leur demander s'ils ne consentiraient pas à ce qu'elle plaçât dans leur commerce une somme d'argent de beaucoup supérieure à celle qui leur était nécessaire. Inutile de dire avec quel empressement on accepta la proposition et quelles actions de grâce l'on rendit tout bas à St-Joseph.

A cette époque mourut Louise, la sœur aînée de Madame Bernard. Celle-ci l'aimait d'autant plus que c'était la seule personne qui lui rappelât le souvenir de sa chère famille. Quoique moins âgée, elle l'avait toujours entourée de ses conseils et de ses lumières, mais Louise n'avait guère répondu que par l'indifférence au bien que lui voulait sa jeune sœur. Autant celle-ci était ardente dans l'affection qu'elle ressentait pour son aînée, autant Louise se montrait froide et insouciante. Cet état de choses faisait cruellement souffrir Anna, qui aurait voulu vivre dans l'intimité de sa sœur, mais Louise se tenait à l'écart ; et, si parfois elle venait la visiter, ce n'était que lorsqu'elle attendait d'elle quelque service. A l'époque de son mariage, Anna essaya de la détourner d'un parti qui n'offrait, pour l'avenir, aucune garantie de bonheur : elle se vit repoussée, mais les évènements montrèrent bien qu'elle ne s'était point trompée dans ses prévisions ! Quelques années après, Louise fut atteinte d'une fièvre cérébrale qui la réduisit bientôt à la dernière extrémité. Madame Bernard se hâta de la faire transporter dans sa maison pour la soigner de ses propres mains, mais le mal était sans remède, et Louise ne tarda pas à y succomber.

Elle laissait une petite-fille, Madame Bernard décida son beau-frère à la lui confier. Clara Mercier fut donc élevée par sa tante, qui la traita comme ses propres enfants Devenue grande, elle voulut quitter sa bienfaitrice pour retourner vers son père. Madame Bernard mit tout en œuvre pour la retenir auprès d'elle : ce fut en vain, il fallut céder. Hélas ! elle devait bien le regretter un jour !

III.

Madame Bernard eut dix-huit enfants, huit garçons et dix filles. Son premier soin, en les mettant au monde, était de les consacrer à Marie, en leur donnant à tous, au saint baptême, le nom béni de la Mère de Dieu. Sept d'entre eux moururent en bas âge. Ils avaient tous reçu, à l'exception de deux qui ne virent pas le jour, le Sacrement de la régénération.

Elle avait demandé à Marie que le premier enfant qui naîtrait d'elle, fût une fille qui ne se mariât jamais. La Reine des Anges exauça le désir si pur de son cœur. La fille demandée naquit au mois de Septembre 1833, et son existence s'est tellement identifiée et confondue avec celle de sa mère, qu'une seule espérance semble la soutenir encore: partager un jour dans le Ciel, la joie de celle qui devait être, dans sa vieillesse, l'unique objet des plus tendres sollicitudes de cette enfant privilégiée.

Les autres enfants de Madame Bernard naquirent de 1835 à 1858. Trois d'entre eux se sont consacrés à Dieu. Cette mère si chrétienne eût désiré que tous ses fils montassent à l'autel. « Je voudrais que tous mes enfants se fissent prêtres », disait-elle un jour à l'un de ses directeurs. Son vœu fut en partie réalisé, car elle eut la gloire incomparable de donner un prêtre à Jésus-Christ, un disciple à l'admirable Vincent-de-Paul et un religieux à la Compagnie de Jésus. Tous trois aiment à reconnaître que c'est aux prières ardentes et aux larmes de cette tendre mère, bien plus qu'à leurs propres mérites, qu'ils sont, après Dieu, redevables de la grâce insigne de leur vocation. On pourra en juger par les quelques traits suivants, tous empreints de la foi la plus vive et du charme de la vertu la plus généreuse.

« Mon cher L***, disait-elle un jour, quand tu vins au monde, je te pris dans mes bras et t'offris à Saint Vincent de Paul, le suppliant de faire de toi un prêtre selon le cœur de Dieu ! » Le Ciel l'exauça si pleinement qu'il lui accorda la suprême consolation de voir ce fils, reçu parmi les Prêtres de la Mission, célébrer, une des premières fois, les saints mystères dans la chambre même où naquit le grand Saint.

Plus tard, elle voulait obtenir pour lui une grâce importante qu'elle sollicitait en vain depuis longtemps. Comme rien ne lui paraissait difficile, quand il s'agissait du bonheur des siens, elle résolut de faire violence au Ciel. Voilà donc qu'un matin, bien avant le lever du soleil, elle s'en va seule, nu-pieds, malgré la rigueur de la saison, au sanctuaire de St-Joseph, à St-Acheul, pour y entendre la messe, y communier et obtenir de Celui qu'on appelle avec tant de raison, l'Avocat des causes impossibles, la faveur qu'elle réclamait.

Une maladie terrible mettait en danger les jours d'un autre de ses enfants. « Mon Dieu ! s'écrie tout-à-coup Madame Bernard, conservez-moi mon fils ! Il sera à vous !.. Je vous le donne ! » Et en effet, vingt ans plus tard, après avoir longtemps hésité, et coûté bien des larmes à sa mère, J*** répondait enfin à l'appel de Dieu et entrait au noviciat de la Compagnie de Jésus.

Les autres enfants de Madame Bernard embrassèrent l'état du mariage. Si, pour quelques-uns, la fortune ne s'est pas montrée prodigue de ses dons, en revanche, ils possèdent tous, quels qu'ils soient, un trésor d'un bien autre prix, je veux dire une foi vive et des sentiments élevés. Du reste, Madame Bernard était bien plus jalouse de faire de ses

enfants des chrétiens solides que des hommes
riches et puissants selon le monde. Et quoiqu'elle n'ait jamais rien négligé pour leur
assurer une honnête position, quoique l'état
de plusieurs d'entre eux, victimes des caprices
du sort, lui ait arraché souvent en secret des
larmes amères et apporté un nouveau surcroît
à ses douleurs, ce qu'elle désirait avant tout
pour ceux qu'elle aimait tant, ce qu'elle ne ces-
sait de demander à Dieu dans ses prières, c'é-
taient les biens du Ciel. « Je n'ai jamais demandé pour vous les honneurs de la terre, ni
les richesses, écrivait-elle quelques jours avant
sa mort, je trouve que cela est trop peu de
chose! mais le Ciel, oh! oui, voilà le bonheur
que je souhaite pour vous et pour moi, mes
bien-aimés! Là, plus de douleurs, plus de dé-
sirs, plus rien que la joie de s'aimer et d'aimer
Dieu tout ensemble; là, nous sera révélée la
conduite du Seigneur à notre égard, nous
verrons tout ce qu'il a fait pour nous et
pourquoi nous avons été si éprouvés. Sans

doute, dans la joie que donne le monde, nous nous serions perdus. Nous verrons alors que ce que Dieu nous a donné était le meilleur ! » ·

Mais revenons sur nos pas et examinons plus en détail, les soins que Madame Bernard apporta à l'éducation de ses enfants.

Disons-le d'abord, cette tendre mère ne vivait que pour eux ; aussi, les fatigues, les privations de toute espèce lui paraissaient douces et légères quand il s'agissait de leurs intérêts. Qu'on la voie entourée de ses nombreux enfants, veillant sur tous, pourvoyant à toutes leurs nécessités sans que jamais rien ne leur manquât, et en même temps vaquant à tous les travaux de son ménage, et trouvant encore du temps pour s'occuper des affaires du commerce, dans la sphère qui lui était répartie, et l'on pourra se faire une faible idée de son dévouement et de ses labeurs ! Ajoutons qu'elle était seule à lutter contre tant de difficultés et à supporter un si

lourd fardeau. La médiocrité de ses ressources et d'autres considérations que nous ferons
connaître tout-à-l'heure, ne lui permirent pas
de prendre quelqu'un pour l'aider. On nous
a assuré que pendant plusieurs années, elle
ne sortit jamais de sa maison. Si, par hasard,
elle s'éloignait un instant, c'était pour aller
à l'Église, chercher auprès de Dieu les forces
dont elle avait besoin pour ne pas succomber
à une tâche si dure. Car sa vie, à cette époque, était un véritable prodige, et l'on se
demanderait avec étonnement où elle puisait
une pareille activité, si l'on ne connaissait
quelle était l'ardeur de sa foi et la grandeur
de son amour.

Ces vertus déjà si puissantes et si fécondes,
prenaient un nouvel accroissement et sem-
blaient se dilater presque à l'infini, quand ses
enfants tombaient malades. On la voyait alors
passer des journées et des nuits tout entières
au chevet de ces chers enfants, refuser à son
corps toute nourriture et souffrir dans son

âme mille angoisses inexprimables que seul peut comprendre le cœur d'une mère aussi aimant que le sien. Comme si tout son amour s'était concentré sur l'enfant qu'elle voyait souffrir, elle ne songeait plus qu'à lui seul. Oublieuse de tout autre intérêt, elle était là, haletante, éperdue, absorbée tout entière en Dieu, disputant à la mort ce petit être que les médecins avaient déjà abandonné !

Déjà, depuis plusieurs années, sa fille Augustine avait presque entièrement perdu l'usage de ses jambes, et jusque-là, tous les essais qu'on avait faits pour la guérir avaient été infructueux. Malgrè la médiocrité de sa fortune, et surtout malgré les embarras de tous genres que lui causaient ses jeunes enfants, Madame Bernard n'avait pas hésité à aller passer un long mois à Auteuil, dont le curé, bon vieillard de soixante-dix ans, s'était bien promis, moyennant un système à lui connu, de remettre sur pied la petite malade. Malheureusement l'expérience ne réussit pas au gré du docteur improvisé : Augustine était toujours à peu près dans le même état. Madame Bernard, ayant alors entendu dire que dans une petite ville du Pas-de-Calais, à Avesne-le-Comte, se trouvait un médecin assez en renom, qui faisait sa spécialité de ces sortes d'infirmités, résolut de lui confier sa fille. Mais une grande difficulté se présentait : le médecin était protestant, et Madame Bernard, dont la famille s'était augmentée, ne pouvait plus, comme autrefois, à Auteuil, aller s'établir dans le pays. Elle fit part de son dessein et de ses craintes à un prêtre d'Amiens, ami intime de la maison, qui se chargea de toute l'affaire. Monsieur Leboulenger exigea du docteur le serment qu'il ne contrarierait en aucune façon les sentiments religieux de la jeune fille, et à cette condition, elle fut placée chez lui, comme pensionnaire.

L'histoire des nombreux voyages que fit

Madame Bernard pour aller voir sa fille pendant son séjour à Avesne-le-Comte, est des plus touchantes. Car cette séparation était bien pénible pour son cœur, et elle avait pris tout bas la ferme résolution de venir la visiter aussi souvent que les circonstances le lui permettraient. Voici donc comment elle s'y prenait pour satisfaire à la fois son amour, et faire souffrir le moins possible les intérêts de ses autres enfants. Le samedi soir, après avoir tout réglé dans sa maison, elle laissait à la garde de sa belle-mère sa petite famille, et partait accompagnée tantôt de son mari, tantôt d'une personne de confiance. Le trajet était long, bien fatigant surtout. Il fallait voyager toute la nuit en voiture, et compter souvent avec les intempéries des saisons et les difficultés des chemins. Mais toutes ces peines paraissaient légères à cette bonne mère qui voulait à tout prix embrasser sa fille, la consoler et constater par elle-même les heureux changements survenus dans sa santé. Une fois le conducteur s'égara dans une profonde forêt que l'on devait traverser dans le parcours. C'était au milieu de la nuit, et la neige qui était tombée en abondance, couvrait toute la terre : il était impossible de retrouver le bon chemin; de plus, le bruit courait dans le pays qu'à cette époque, la forêt n'était pas sûre ! Qu'on juge des angoisses de la pauvre mère qui, dans le but de ménager une surprise agréable à la malade, avait par hasard amené ce jour-là le plus jeune de ses enfants qu'elle portait dans ses bras ! Il lui fallut descendre, marcher longtemps dans la neige, et chercher quelque trace du chemin perdu. Enfin, après maints détours inutiles, on le retrouva et nos voyageurs arrivèrent au terme de leur pénible voyage.

Il arriva que sa fille Marie, toute jeune encore, tomba dangereusement malade. Quelques jours s'étaient déjà écoulés sans que le médecin ait pu encore reconnaître la nature du mal. En vain, la mère s'efforçait de lui persuader que son enfant avait le croup : la science du docteur était en défaut, et, trompé sans doute par les apparences, il refusait de souscrire à cette affirmation. Cependant, un temps précieux se perdait en hésitations stériles, et la vie de la petite Marie était en grand danger. Madame Bernard n'en pouvait plus, et le péril dans lequel elle voyait sa fille, l'ayant rendue audacieuse : Asseyez-vous, Monsieur, lui dit-elle avec fermeté, vous ne sortirez pas d'ici que vous ne vous soyez enfin prononcé ! » Il fallut bien obéir et bientôt, à la toux déchirante de la malade, le docteur s'aperçut que les appréhensions de la mère n'étaient que trop fondées. Il se leva et alla lui-même commander les remèdes les plus pressés. Pendant son absence, Madame Bernard fit vœu de consacrer sa fille à la Sainte-Vierge et de lui faire porter ses livrées si elle ne succombait pas à la terrible maladie La mère de Dieu agréa sa promesse, et, quelque temps après, l'enfant guérit, au grand étonnement du médecin, qui la croyait perdue sans ressource.

Les difficultés devenaient naturellement plus grandes, à mesure que le nombre de ses enfants augmentait. Ainsi, il arriva que sept d'entre eux furent atteints en même temps de fièvres différentes. Mais nous attirerons l'attention sur une légère épidémie qui nécessita un changement d'air à Boulogne. On résolut, sur l'avis du médecin, d'y louer une maison pour y transporter la petite colonie. La proposition ne manqua pas de sourire beaucoup à ceux d'entre eux qui avaient commencé à grandir. Mais le plaisir était tout entier pour eux, et pendant qu'ils prenaient sur la plage leurs joyeux ébats, ils ne se doutaient pas combien il en coûtait à leur mère de quitter son mari, sa maison, ses occupations de chaque jour, et à combien de privations leurs parents devaient dans la suite se condamner pour couvrir tantet de si onéreuses dépenses!

Nous pourrions multiplier les récits de ce genre où sont peintes dans tout leur charme les qualités de son cœur de mère. Il suffira, pour compléter ce tableau, d'y ajouter un dernier trait qui ne le cède en rien à ceux que l'on vient de lire.

Son fils Albert était atteint d'une grave maladie. L'art s'était déclaré impuissant à la combattre : il était perdu, et déjà même, à l'insu de la pauvre mère, on avait pris au cimetière les tristes précautions que l'on connaît. C'était un dimanche, et Madame Bernard ne se croyant pas dispensée, malgré de si douloureuses circonstances, d'observer le précepte de l'Eglise, quitta un instant le chevet du cher petit moribond, pour aller entendre la messe. Ce qu'elle dit à Dieu, pendant le temps du sacrifice, personne ne saurait l'exprimer, mais cette fois encore, sa prière fut écoutée. Quelle ne fut pas sa joie, lorsqu'en revenant, celui qu'elle avait laissé presque sans vie, qu'elle appréhendait de trouver mort à son retour, lui tendit ses mains enfantines et lui sourit !

Mais sa sollicitude ne se bornait pas aux besoins du corps. En même temps qu'elle travaillait avec un courage qui ne connut jamais de défaillance, au développement des forces physiques et au bien-être matériel de ses enfants, elle s'appliquait aussi à la formation de leurs cœurs, s'efforçant par tous les moyens possibles, de faire pénétrer dans leurs âmes les sentiments d'une foi vive et d'une solide piété. Elle ne ménageait ni les conseils, ni les avertissements et ne manquait jamais d'encourager celui qui avait bien fait, ou de reprendre ceux qui s'étaient rendus coupables de quelque faute. Aussitôt que les circonstances le lui permirent, elle établit, l'usage de la prière du soir en commun, et, rien n'était plus touchant que de voir, chaque jour, toute la famille, parents et enfants, réunis dans une petite chapelle domestique, et répondre aux prières que cette mère chrétienne se faisait un bonheur de réciter elle-même.

Les enfants ayant grandi, il fallut songer à compléter leur éducation. Madame Bernard voulut que tous ses fils reçussent une instruction chrétienne et distinguée, et, sans tenir compte des sacrifices énormes qu'elle dut s'imposer, elle les plaça au collége de la Providence. Elle ne cessa pas néanmoins de veiller sur eux, les excitant au travail, s'intéressant à leurs succès, les exhortant à bien se conduire et à respecter leurs maîtres. Quant à des camarades, elle n'en voulait point : « Le meilleur, leur' disait-elle, ne vaut rien ! » Un jour, l'un de ses fils vint lui dire que son voisin de classe lui avait montré un livre qui ne lui semblait pas très-bon. La mère, pour ne pas alarmer la conscience de l'enfant, ne lui répondit rien, mais quelques jours après, l élève mentionné était rendu à sa famille. Madame Bernard avait fait avertir aussitôt le supérieur qui, après avoir interrogé le coupable, avait cru devoir en venir à cette extrémité.

On comprendra facilement, d'après ce qui précède, quelles précautions Madame Bernard dut prendre, pour qu'aucun souffle malsain ne vînt ternir l'innocence de ses enfants. Tous lui rendent à l'envi ce beau témoignage que, pendant leur jeunesse, jamais une parole déplacée ne fut prononcée devant eux. Aussi, n'avaient-ils aucune de ces connaissances qu'on ne devait acquérir que lorsque le frein de la raison est déjà assez puissant pour réprimer les écarts de l'imagination. Pendant de longues années. elle refusa de prendre aucune domestique, dans la crainte d'exposer leur vertu naissante. Elle aimait mieux travailler au-delà de ses forces, que de se réserver peut-être pour l'avenir des regrets superflus.

Quant à ses filles, Madame Bernard s'était attachée à leur faire contracter de bonne heure ces habitudes d'ordre, de travail, d'économie qui sont si précieuses dans une femme. Elle avait voulu aussi qu'elles fussent élevées dans des maisons religieuses. Sorties des bancs de l'École, elles vinrent seconder leur mère dans les soins du ménage et les exigences du commerce.

Ainsi se passèrent de nombreuses années, sans que jamais cette bonne mère se soit départie un seul instant de la pratique de ses devoirs et n'ait cessé de poursuivre courageusement le but qu'elle s'était proposé. On peut, en toute justice, lui appliquer cette louange magnifique que l'Écriture au livre des proverbes, décerne à la femme forte : « *Accinxit fortitudine lumbos suos, et roboravit brachium suum. Consideravit semitas domus suæ, et panem otiosa non comedit.* » « Elle a ceint ses reins de force et elle a affermi ses bras. Elle a veillé sur les pas des siens, et elle n'a point mangé le pain de l'oisiveté. »

Madame Bernard, quelques années après son mariage, fit un rêve dans lequel elle aima toujours à voir une consolante image de la récompense que Dieu lui réservait, pour prix des soins avec lesquels elle avait élevé ses enfants. Nous le rapportons ici sans commentaire, et, sans y attacher une importance que peut-être il n'a pas, il servira du moins à prouver une fois de plus à quelle hauteur s'élevaient ses pensées, et quelle était la noblesse de ses aspirations.

Il lui semblait qu'elle gravissait péniblement une montagne escarpée, suivie de ses enfants à qui elle frayait un chemin à travers les ronces et les épines. A mesure qu'elle montait, l'air qu'on respirait était comme embaumé des parfums les plus suaves et le sommet, qui se perdait dans l'azur des cieux, lui apparaissait émaillé de mille fleurs diverses. En même temps, une voix intérieure l'exhortait à ne pas se laisser décourager par les difficultés nombreuses qu'elle rencontrait sur la route, et semblait lui dire que pour elle le bonheur était là-haut. Attirée par cette céleste vision, elle se hâtait donc, retournant par fois la tête pour s'assurer que ses enfants la suivaient toujours. Enfin, les mains et les pieds ensanglantés, le visage baigné de sueur, elle atteignit le faîte de la hauteur, et s'écria : « M'y voici ! »

Quand même cette vision n'eut été que le vain jouet d'une imagination qui sommeille, il faut avouer néanmoins, d'après ce que nous avons dit précédemment, que Madame Bernard fit bien tout ce qu'il fallait pour la réaliser.

Ces années si fécondes pourtant en sacrifices, ne furent pas dépourvues de quelques joies. Les enfants grandissaient sous ses yeux, elle en était tendrement aimée, elle voyait l'accord le plus parfait régner au sein de sa petite famille. En un mot, elle recueillait ce qu'elle avait semé avec tant de peine. Une de ses plus douces consolations était de les voir communier. « Il me souvient, nous racontait naguère l'un d'entre eux, qu'un jour de la Nativité de la Sainte-Vierge, notre père nous avait conduits à Saint-Remi pour y recevoir la communion. Mais nous manquâmes la messe. Notre bonne mère ayant appris cela, en fut désolée. Mes chers enfants, nous dit-elle, je vous en prie, allez à la Cathédrale : il en est temps encore, et, pour vous récompenser, je vous préparerai en votre absence un déjeûner que vous aimez ! »

Elle-même, ne trouvait son bonheur qu'en Dieu. Chaque jour, elle se levait de grand matin, pour assister au divin sacrifice et, après toutes les fatigues de la semaine, son unique repos était d'assister au salut du Saint-Sacrement. Là, recueillie en Dieu, elle le suppliait de l'aider à mener à bonne fin l'œuvre qu'elle avait commencée pour sa gloire, et demandait pour chacun de ses enfants, les grâces qu'elle savait leur être les plus nécessaires.

Genitus matris tuæ ne obliviscaris !
N'oubliez pas les douleurs de votre
mère !   ECCLÉS. VII, 29.

IV.

La tâche de Madame Bernard était finie
sur la terre. Quelques-unes de ses filles étaient
déjà mariées, ses fils avaient presque tous
terminé leur éducation. Dieu, pour la puri-
fier davantage et embellir sa couronne, voulut
la faire passer une dernière fois par le creuset
des souffrances.

C'est en 1867 que commence la dernière
phase de la vie de cette tendre mère. Au
mois de septembre, l'une de ses filles qui
habitait Lille depuis quelque temps, mourut
dans les circonstances douloureuses que nous
allons rapporter.

Léontine allait et venait chez elle, ayant
à la main une de ces petites lampes à pétro-

le dont l'usage était si commun à cette époque. Tout-à-coup la lampe tombe, l'huile se répand et bientôt tous ses vêtements sont en feu ! Éperdue, elle se précipite hors de la maison, appelant au secours. Mais, au même instant, se rappelaut qu'elle a laissé l'un de ses petits garçons au berçeau, et craignant qu'il ne devienne la proie de l'incendie qui commençait déjà à gagner les objets environnants, Léontine oublie son propre danger pour ne songer qu'à celui de son enfant. Elle rentre donc et arrache son fils à la mort qui le menaçait. Il fut sauvé, mais la mère dont les vêtements brûlaient toujours, devint victime de son dévouement et, vingt jours après, elle expirait ayant reçu tous les Sacrements de l'Église, demandant jusqu'au dernier soupir à voir encore une fois sa mère.

Hélas ! cette suprême consolation lui fut refusée, mais il serait difficile de dire à qui, de la fille ou de la mère, ce sacrifice coûta le plus !

A la nouvelle de ce triste accident, Monsieur Bernard partit pour Lille, cachant à sa femme le vrai motif de son voyage. Son désir était de ramener sa fille à Amiens, mais l'état de la malade ne le permettait déjà plus. Il fut même contraint, pour des raisons qu'il est inutile de rapporter ici, de la faire transporter dans l'un des hôpitaux de la ville, après avoir pourvu à ce qu'elle y fût entourée de tous les soins nécessaires.

Madame Bernard, à qui on ne put laisser ignorer plus longtemps le malheur arrivé à sa chère Léontine, eut désiré ardemment se rendre aussitôt auprès d'elle. Mais on redoutait l'effet qu'un semblable spectacle ne manquerait pas de produire sur son cœur, et on l'en détourna aussi longtemps qu'on le put. Du reste, les lettres qui arrivaient journellement à Amiens, loin de laisser entrevoir l'imminence du danger, constataient une amélioration dans l'état de la malade. Déjà même l'espérance revenait dans tous les cœurs, et l'on se persuadait que tant de prières adressées au Ciel étaient exaucées, quand on apprit que sa situation s'était subitement aggravée et que tout espoir de la sauver était perdu.

On laissa alors partir la pauvre mère, avec deux de ses enfants. Hélas ! il était déjà trop tard, et à son arrivée à Lille, elle ne put voir que morte et couchée au milieu des pauvres, la fille bien-aimée qu'elle avait élevée avec tant de délicatesse et entourée de tant de soins !

Cette blessure cruelle ne devait plus jamais se refermer au fond de son cœur; et jusqu'au dernier jour de sa vie, Madame Bernard en ressentira les douloureuses atteintes.

L'infortunée Léontine laissait deux enfants, gages précieux d'une union qui, dans sa courte durée, n'avait pourtant été pour elle qu'une source d'amers déboires. Comme suprême consolation, Madame Bernard les adopta et reporta sur eux l'affection qu'elle avait eue pour leur mère.

L'année suivante, Dieu la soumit à une épreuve d'un autre genre. Celui de ses fils que jadis, comme nous l'avons dit plus haut, elle avait offert au Seigneur, pendant une maladie qui menaçait ses jours, se consacrait à Dieu dans la Compagnie de Jésus. Loin de s'opposer un seul instant à sa vocation, et de rétracter un sacrifice qu'elle avait consommé depuis longtemps dans son âme, elle l'encouragea dans sa résolution et le soutint de ses conseils. Et quand l'heure du départ fut arrivée, cette robuste chrétienne, faisant taire en elle la voix de la nature, voulut le conduire elle-même au noviciat et le remettre entre les mains du supérieur.

Trois ans plus tard, un autre de ses enfants partait pour la Congrégation des Prêtres de la Mission. Elle avait toujours nourri en secret l'espérance de vivre auprès de lui, lorsqu'il serait devenu prêtre. C'était là sa seule ambition et l'unique récompense qu'elle demandait à Dieu pour tant d'années passées à son service dans la souffrance et dans l'abnégation. « Que de fois, nous écrit celui dont il est ici question, elle me fit le tableau du bon pasteur de campagne! Que de fois, elle m'indiqua les moyens de soulager les pauvres dans cette position ! Elle rêvait de leur faire elle-même beaucoup de bien! Mais elle voulait des prêtres, non pour elle, mais pour la gloire de Dieu. » Aussi quand il lui demanda la permission de la quitter : « Va, mon fils, lui dit-elle, si c'est pour ton bonheur! Je n'ai demandé que cela. Je suis bien heureuse d'être exaucée, quoiqu'il m'en coûte de l'être de cette manière ! »

Ainsi Dieu se plaisait à briser, les uns après les autres, les liens qui la rattachaient à la terre. Il permit aussi qu'elle trouvât dans ses rapports avec plusieurs de ses enfants bien des sujets de tristesse. Il est vrai qu'ils n'éprouvèrent jamais pour leur mère d'autre sentiment que celui d'une profonde reconnaissance et d'un filial amour, mais quelquefois les saillies d'un caractère trop prompt, les passions du moment et plus encore, l'inexpérience et l'irréflexion, les entraînèrent loin de la route du devoir, et firent au cœur si tendre de leur mère des blessures d'autant plus profondes, qu'elle était plus jalouse de leur amour et plus digne de leurs égards.

Quoi qu'il en soit, la vie de Madame Bernard, dans ses dernières années, n'était plus qu'un long martyre. Quelque soin qu'elle mît à tenir secrète la douleur qui la consumait, il était impossible de l'approcher d'un peu plus près, sans que ses paroles, ses soupirs et ses larmes ne la trahissent aussitôt. On voyait alors quels ravages immenses le chagrin avait faits dans son âme !

Mais à mesure que Dieu multipliait ses peines, il l'attirait à lui, la forçait à se jeter sans réserve dans son sein et à attendre de lui seul les consolations après lesquelles elle soupirait.

Les lettres qu'elle écrivit à cette époque laissent entrevoir ce travail de Dieu dans son âme.

« Hier soir, mandait-elle à l'un de ses enfants, il y a eu grande réunion ici au sujet de ma fête, la sainte Anne. Enfants et petits-enfants ont rivalisé de zèle. Les fleurs pleuvaient ainsi que les compliments. Il ne manquait que toi, mon cher L***, et ton frère J***, mais pour moi vous étiez présents, car je sais bien que malgré votre éloignement, votre cœur est toujours près de moi. Ce matin, à la messe, je vous ai réunis tous ensemble et vous ai recommandés à ma sainte Patronne. Je suis bien sûre qu'elle nous protégera, et qu'elle nous obtiendra de nous rassembler un jour pour ne plus nous séparer jamais et jouir ensemble de la vue de Dieu et de la compagnie des Saints que nous avons si souvent invoqués. Oui, cher fils, il viendra ce jour si désirable, et alors nous compterons pour rien les sacrifices qui nous coûtent tant maintenant et que Dieu seul nous donne la force de faire avec résignation. Travaillons donc pour lui, puisqu'il doit être notre récompense ! »

Elle écrivait encore à la date du 24 décembre 1873 :

« J'ai bien tardé à répondre à ta bonne lettre, mais mon temps est pris du matin au soir ! Je profite de la veillée, en attendant la messe de minuit, pour m'entretenir un instant avec toi, mon bien cher enfant. Je veux tout d'abord te parler de notre cher L*** qui est diacre, comme tu le sais sans doute. J'ai reçu une lettre de lui dans laquelle il m'envoie son premier *Dominus vobiscum !* et je suis certaine qu'il le dit pour nous du fond du cœur...... Il recevra la prêtrise dans le courant de l'été...... Ce beau jour viendra aussi pour toi, mon très-cher fils. Oui, je l'espère, j'assisterai à ton sacrifice, il me sera donné de t'offrir au Dieu très-haut, comme son prêtre et son ministre. Oh! je sens bien la grandeur d'un pareil ministère, et toujours je prie Dieu de vous en rendre dignes! Et après avoir connu sur la terre de si grandes joies, je vous verrai au ciel ornés de cette couronne éclatante que Dieu réserve à ses prêtres. Arrivés enfin au terme si désiré de nos espérances, nous chanterons l'*Alleluia* éternel! N'est ce pas que ce sera beau, bienaimé fils? Mais il faut travailler pour cela et souffrir encore, pour mériter cette sublime récompense, les ennuis, les dégoûts, les douleurs qui abondent dans cette vallée de larmes, mais qui ne sont après tout que des bienfaits de Dieu, notre père! »

Voici comme elle répondit à la lettre à laquelle elle fait allusion dans le passage que nous venons de reproduire :

« *Et cum spiritu tuo*! Que rendrai-je au Seigneur pour tous les biens dont il m'a comblée! Nous avons été bien heureux, mon très-cher L***, de recevoir ta bonne lettre, et le souhait que tu formes pour nous, nous a remplis d'allégresse... Ah ! espérons que bientôt tu pourras bénir ton père, ta mère et tous ceux que tu aimes tant !.. Voilà donc, mon bien cher fils, qu'il t'est permis d'approcher de plus près de l'autel du Seigneur ! Oh ! approche, approche bien près du sacré tabernacle, et prie le Seigneur de laisser tomber sur nous un regard de miséricorde et d'amour, sur nous qui sommes si indignes des grâces qu'il a daigné nous faire. Que de personnes plus méritantes que nous ont désiré consacrer leurs enfants à l'autel, et à qui cette faveur n'a pas été accordée ! Ainsi donc, par ton avancement dans le sacerdoce, nous sommes engagés à vivre plus saintement : le Seigneur doit le vouloir ainsi. Car, que sommes-nous, pauvres gens, pour qu'il nous soit fait un si grand honneur ? Il me semble être obligée de dire après la Sainte Vierge : les nations m'appelleront bienheureuse ! Oui, cher fils, je suis bienheureuse par mes enfants, je goûte déjà par avance la joie la plus pure qu'il soit permis de goûter ici-bas, car toute ma vie j'ai demandé à Dieu qu'il vous fasse habiter dans sa sainte maison, et j'ai maintenant l'espérance d'être exaucée. Oui, je prierai pour toi, je prierai pour vous tous, afin que vous soyez dignes des grandes choses qu'il a opérées en vous. Je prierai avec toi pour tes frères et tes sœurs, afin que Dieu leur accorde les bénédictions dont ils ont besoin dans leur état, et alors comblés de de ses grâces, il nous sera donné à tous de joindre nos voix à celles des élus et de dire : Il est Saint, trois fois Saint, le Dieu du Ciel, le Dieu que nos cœurs aiment ! »

Laissons-la raconter elle-même les émotions de son cœur au jour du sacerdoce de son fils :

« Nous sommes de retour de notre long voyage, écrit-elle à l'un de ses enfants, nous sommes arrivés vendredi dans la nuit, en bonne santé, quoique bien fatigués ! Mais quelles délices ineffables ont inondé nos âmes, et quelles larmes brûlantes ont coulé de nos yeux ! L*** a dit sa première messe au Berceau, la seconde dans la Chambre même de Saint Vincent de Paul et la troisième à Lourdes. Nous avons eu le bonheur de communier de sa main. Oh! nous étions tous bien heureux : parents et enfants, prêtre et fidèles! Et cependant, un jour semblable luira. pour nous encore. Oh ! à cette pensée, je sens mon âme tressaillir. Oui, mon cher enfant, toi aussi tu nous béniras et nous pleurerons encore de bonheur. Cela viendra aussi pour E*** et nous aurons alors atteint le but de notre vie. »

Deux ans après, les mêmes joies lui étaient réservées. Son fils Edmond fut ordonné prêtre le 24 juin 1875 et célébra sa prémière messe dans la chapelle du collége de la Providence. Madame Bernard assista donc à cette touchante cérémonie et reçut encore, par le ministère de son fils, Celui qui, deux mois plus tard, allait devenir son éternelle récompense. Hélas! cette récompense, l'entrevoyait-elle dans un avenir aussi peu éloigné, quand, se relevant, la veille, sous la main tremblante d'émotion de son enfant qui venait de la bénir, elle lui dit dans le transport d'une joie qui déjà n'était plus de la terre : « Je puis chanter maintenant mon *Nunc Dimittis* ! »

V.

Les premiers symptômes de la cruelle
maladie qui allait si rapidement, hélas!
conduire au tombeau cette mère bien-aimée,
parurent dans la nuit du Jeudi au Vendredi,
20 Août.

La veille, elle s'était occupée, comme elle
le faisait tous les ans à pareille époque, à
préparer des fruits qu'elle devait confire
ensuite pour les besoins de sa famille. Ce
travail entrepris au milieu des chaleurs de
l'été, la fatigua beaucoup, et, vers les deux
heures du matin, elle se plaignit d'une douleur au côté qui gênait sa respiration et
l'empêchait de dormir. On lui fit prendre

un breuvage qui calma, pour quelque temps' la douleur et lui permit de reposer un peu.

Le lendemain, se sentant mieux, elle voulut se lever pour achever la besogne commencée, mais ses forces la trahirent et cédant enfin aux instantes prières de sa fille aînée, elle consentit à se mettre au lit, espérant qu'un peu de repos suffirait pour la remettre de son malaise. Car, cette femme admirable, si pleine de sollicitude pour les autres, n'avait pour elle-même que de l'indifférence, et, cette fois, sa faiblesse dut être bien grande et les souffrances bien aigües pour qu'elle ne refusât pas les soins que son mal réclamait.

Le médecin appelé, reconnut bientôt que la malade était atteinte d'une fluxion de poitrine. Il prescrivit les remèdes nécessaires, indiqua les précautions à prendre, mais ne laissa du reste entrevoir aucune crainte sérieuse.

Ainsi se passèrent les journées du Vendredi, du Samedi et du Dimanche : la maladie suivait son cours, les souffrances n'augmentaient pas, et ceux qui soignaient la malade, ainsi que les amis de la famille, se réjouissaient de l'amélioration bien sensible de son état.

Mais la fièvre qui jusque-là, n'avait été que très-bénigne, augmenta d'intensité dans la soirée du Dimanche. La nuit fut moins bonne, le sommeil entrecoupé de délire, si bien que le lendemain matin, le docteur, sans croire encore à l'imminence du danger, se montra beaucoup moins rassuré qu'au début.

On crut prudent d'avertir Monsieur le Doyen, de la maladie de Madame Bernard. Il se hâta d'accourir et de lui apporter, ainsi qu'à toute la famille, les consolations dont on avait un si pressant besoin.

Car l'alarme était grande dans la maison ! Le changement qui s'était opéré subitement dans la situation de la malade, aussi bien que les incertitudes du médecin, inquiétaient tout le monde, et l'on se gardait bien de dire tout haut les appréhensions terribles que chacun recélait déjà au fond de son âme !

Toutefois, on ne pouvait s'empêcher d'avoir toujours confiance dans les prières que l'on faisait pour elle de toute part. On avait recommandé la malade dans toutes les maisons religieuses de la Ville, et le lendemain, la fervente communauté des Clarisses devait communier à son intention. Comment le Ciel ne se laisserait-il pas fléchir ? Comment Dieu ne conserverait-il pas à ses enfants une mère si tendrement aimée ?

Mais le Seigneur en avait décidé autrement, et bientôt toute espérance s'évanouit.

Vers la fin de ce jour, une congestion cérébrale se déclara tout-à-coup. Alors se passa une scène lamentable qui ne s'effacera jamais de la mémoire de ceux qui en furent les tristes témoins.

Pendant toute la nuit, soutenue sur le bras de son mari ou dè quelqu'un de ses enfants, la pauvre mère, consumée par la fièvre, en proie à un délire affreux, ne fit qu'aller et venir dans sa chambre, prononçant des paroles incohérentes, nommant l'un, parlant de l'autre, sans qu'il fût possible de saisir le sens de ce qu'elle voulait dire, et encore moins, de calmer le transport qui l'agitait.

Monsieur le Doyen, ne s'attendant pas à l'accident qui venait d'arriver, n'avait pas encore pensé que le moment fût venu de parler des derniers sacrements. Il revint plusieurs fois dans cet intervalle, épiant l'instant favorable où Madame Bernard, devenue plus calme, serait en état de recevoir les secours de son ministère. On remarqua que lui seul pouvait se faire comprendre de la malade, et qu'il obtenait d'elle ce qu'elle refusait aux autres. Ainsi, au commencement de cette longue et douloureuse crise, il la décida à se remettre au lit : « Ma fille, lui dit-il avec bonté, obéissez à Monsieur le Curé. Nous allons prier ensemble la Sainte-Vierge ! » Puis, prenant son chapelet, il en récita quelques dizaines, pendant que la chère malade s'efforçait de répéler tout bas les paroles qu'elle entendait.

Vers le matin, cette crise affreuse ayant cessé, elle ne tarda pas à s'endormir. Mais quelques heures s'étaient à peine écoulées, qu'un nouvel accès eut lieu, aussi fort, aussi terrible que le premier. Sur ces entrefaites, Monsieur le Doyen revint de nouveau. La pauvre malade le salua avec douceur, et laissa voir au sourire qui illumina son visage défait et abattu par la souffrance, combien elle était heureuse de le revoir.

Enfin, vers les huit heures, ce second accès s'étant apaisé, on la replaça haletante, épuisée, sur son lit. En l'absence de Monsieur le Doyen, demandé ailleurs, on s'empressa d'appeler un Père de la compagnie de Jésus, bien connu de Madame Bernard. Il se fit parfaitement comprendre d'elle, lui donna l'absolution, et lui appliqua l'indulgence plénière à l'article de la mort.

Disons ici, pour la consolation de tous, que le mardi précédent, Madame Bernard, au témoignage de son confesseur lui-même, s'était approchée du Sacrement de pénitence. Le jeudi, cinq jours seulement avant sa mort, elle s'était assise à la table Sainte. Du reste, depuis plus de vingt-cinq ans, elle se nourrissait tous les jours du pain des Anges, et c'est là, on n'en saurait douter, qu'elle allait puiser, comme à une source toujours féconde, ce courage indomptable qui l'animait, avec la force dont elle avait besoin au milieu des tracas de sa vie.

On se hâta de lui administrer l'extrême-onction et Monsieur le Doyen, de retour, lui apporta la bénédiction de Monseigneur qui faisait dire en même temps à toute la famille qu'il serait venu la lui donner lui-même, si les soins de la retraite pastorale ne le retenaient forcément au séminaire.

Mais déjà la malade n'entendait plus ! A peine, avait-elle reçu les onctions saintes que ses yeux se fermèrent et l'agonie commença. Autant la nuit avait été terrible, autant furent doux et paisibles ses derniers moments. Tantôt on lui suggérait quelque pieuse invocation, tantôt on approchait de ses lèvres mourantes l'image de Jésus crucifié. Enfin, son confesseur, de concert avec plusieurs autres prêtres, témoins de ses derniers combats, récita les prières des agonisants, et bientôt après, à trois heures du soir, entourée de son mari et de la plupart de ses enfants, elle rendit à Dieu sa belle âme, entre les bras de celui de ses fils qui, deux mois auparavant, était monté pour la première fois à l'autel.

Ainsi mourut dans la paix du Seigneur, Madame Bernard ! C'était le Mardi 24 août 1876. Elle était âgée de soixante et un ans, deux mois et quatre jours.

A peine avait-elle rendu le dernier soupir que les traits de son visage, prirent soudain une expression de suave beauté. A voir cette physionomie, si douce et si calme, on ne pouvait croire que la main de la mort l'eût glacée pour jamais !

Nous n'entreprendrons pas de décrire la douleur de ceux que cette mère bien-aimée laissait orphelins sur la terre. Il est des émotions qui échappent à toute analyse, et qu'on ne peint point en les racontant. Ce que l'on peut dire, c'est que la douleur de tous quoique immense, était cependant tempérée par les certitudes que donne la foi : on ne pleurait pas comme ceux qui n'ont pas d'espérance.

Lorsque la triste nouvelle se fut répandue, on s'empressa de toute part de venir contempler une dernière fois sur son lit de mort, celle qui avait su se faire tant aimer ! Tous à l'envi parlaient de ses vertus, et il n'y avait qu'une voix pour la bénir et la proclamer bienheureuse.

Le Mercredi, dans la soirée, il fallut songer à lui rendre les derniers devoirs.

« Qu'on la traite avec respect, avait dit Monsieur le Doyen, en quittant la chambre mortuaire, car c'était une bien sainte âme ! » Son mari et ses enfants tinrent donc à honneur de l'ensevelir eux-mêmes. Et puis, avant qu'on ne la cachât pour toujours à leurs regards, tous, les yeux pleins de larmes, s'agenouillèrent une dernière fois près de son corps inanimé, et l'un d'eux, au nom de tous, prononça les adieux suivants :

« Tu emportes avec toi dans la tombe, Mère bien-aimée, les regrets éternels de notre malheureux père et de tous tes tristes enfants.

« Ta mort a fait dans nos âmes un vide immense que Dieu seul pourra combler !

« Tu as fourni ta carrière, tu as combattu les bons combats, tu es allée recueillir dans le ciel la récompense promise au serviteur bon et fidèle.

« Mais en nous quittant, tu nous laisses, ô mère, un grand exemple à imiter : celui d'une vie tout entière d'amour et de dévouement.

« C'est ton testament et notre plus précieux héritage. Nous le recueillons avec respect, et tous, à genoux, nous jurons d'y être fidèles et de le garder toujours. Il sera la force de notre vie et la plus douce consolation de nos cœurs.

« Mère, soit bénie pour tout le bien que tu nous as fait. L'amour fut la seule passion de ta vie, et tu n'as tant souffert que parce que tu as beaucoup aimé.

« Oublie, mère, oublie, les peines que nous t'avons causées et qui sont venues si souvent, hélas ! comme autant de glaives déchirants, entr'ouvrir et faire saigner ton tendre cœur.

« Mère, en cela tu as été semblable à la Vierge des douleurs, comme tu as imité, par tes mâles vertus, son divin Fils.

« Du séjour de la gloire où Dieu t'a déjà placée en récompense de tes vertus sois toujours, ô mère, notre Providence. Dirige nos pas à travers les écueils de cette vie, désormais sans charme pour nous, et conduis-nous à toi.

« A toi, qui n'as jamais eu qu'un désir et n'as formé qu'un vœu : te voir entourée dans le Ciel de la couronne de tes enfants.

« Mère, fais que pas un ne manque à ce divin rendez-vous !

« En attendant cet heureux jour, reçois, mère bien-aimée, avec le dernier baiser de tes enfants, l'hommage de leurs suprêmes adieux.

« Adieu, mère, adieu !!

« La séparation ne sera pas longue : bientôt nous nous reverrons au Ciel.

« Car, au Ciel on se reconnaît !

Le lendemain eut lieu, dans l'église St-Remi, la cérémonie des funérailles. L'affluence fut très-grande. Bien des personnes, supérieures par leur position, voulurent, en les honorant de leur présence, témoigner l'estime profonde qu'ils avaient pour Madame Bernard, et rendre un dernier hommage à sa vertu.

Après l'absoute, on la conduisit à sa dernière demeure. C'est là qu'elle repose aujourd'hui, dans le terrain de la famille, en attendant le jour glorieux de la résurrection.

Au dessus de sa tombe, s'élève une simple croix, sur laquelle on a gravé ces paroles, qui sont tout à la fois une louange pour elle, et une consolation pour les siens :

Mulierem fortem quis inveniet ?..... Surrexerunt filii ejus et beatissimam prædicaverunt ; vir ejus, et laudavit eam.

Qui trouvera une femme forte ?.... Ses fils se sont levés et l'ont proclamée bienheureuse ; son époux s'est levé et l'a comblée de louanges. (PROV. XXXI. 28.)

———

Et maintenant où est-elle ? où est-elle cette mère bien-aimée, deux fois notre mère, par le double enfantement de la nature et de la grâce ?

Peto, fili, ut adspicias ad Cœlum ! Mon fils, je vous demande de regarder au Ciel ! Oui, c'est au sein de Dieu, dans les sacrés embrassements de son amour, qu'il faut contempler aujourd'hui celle que nous pleurons sur la terre. C'est là qu'elle est, c'est là qu'elle nous attend, c'est là qu'elle nous appelle !

Et cependant elle est encore au milieu de nous ! La douleur même de sa perte, sanctifiée par la résignation, nous unit plus à elle par la séparation, que nous ne lui étions unis par l'existence. Elle se communique plus librement à nous, elle se mêle plus à nous, elle pénêtre plus nos âmes de la spirituelle onction de ses vertus, qu'elle ne le faisait de la douceur sensible de son commerce et de sa présence. Comme le vase d'albâtre de Madeleine, celui de sa vie, en se brisant, a répandu les parfums qu'il contenait, et toute la maison en a été embaumée, *et domus impleta est ex odore unguenti.* (Joan. XII. 3). Son esprit est au milieu de nous, il nous meut, il nous anime, il nous rassemble, et après avoir guidé notre route, dans le temps, il nous saisit, il nous attire maintenant, à lui et à Dieu, dans l'Eternité !

O vous tous, qui êtes ses enfants, vous êtes heureux si vous comprenez cette divine attraction, mais plus heureux si vous la sentez !

Ce Vendredi, 7 avril 1876, en la fête des Douleurs de la Très-Sainte Vierge.

Ce modeste travail était déjà terminé quand nous reçûmes la lettre que l'on va lire.

Elle nous a été adressée par un Prêtre qui fut longtemps le confident dévoué des peines et des secrets les plus intimes de madame Bernard.

Ami généreux, il a su, plus d'une fois, par ses paroles autant que par mille attentions délicates, répandre sur l'âme de notre mère le baume salutaire de ses consolations : qu'il en soit béni de Dieu, comme il l'est de nos cœurs reconnaissants !

Mon cher ami,

« J'approuve fort votre dessein de rédiger une petite biographie de votre excellente mère ; et je voudrais bien, selon votre désir, contribuer à cette œuvre de piété filiale. Mais quels faits vous raconter que vous ne connaissiez déjà, et comment vous dire ce que dix-sept années de rapports intimes m'ont révélé de ses sentiments et de son âme !

« Ce que j'ai surtout connu et admiré en elle, c'est la mère de famille chrétienne. Plus d'une fois, elle m'a rappelé les Blanche de Castille, les Jeanne de Chantal et les Monique, qui ont trouvé en elle une imitatrice et une émule.

« Deux sentiments m'ont paru dominer chez elle tous les autres : ses enfants et Dieu, ou plutôt Dieu et ses enfants, étaient l'objet d'un même amour. Elle vous aimait tous, vous le savez, cher ami ; mais elle vous aimait en Dieu et pour Dieu. Ses rêves maternels étaient de vous voir à lui, dignes de lui. Seul il sait ce qu'elle a versé devant lui, pour chacun de vous, de larmes et de prières, et je ne doute pas que ceux d'entre vous qui ont le bonheur d'appartenir à Dieu de plus près, ne lui doivent leur vocation sainte.

« Son amitié pour moi n'a pas eu d'autre origine que son amour maternel. Elle savait quelle voie je voulais suivre, et elle espéra que celui de ses fils, alors mon condisciple, qu'elle avait consacré au bon maître dès avant sa naissance, pourrait marcher sur mes traces, et elle vint à moi. Elle me sût gré d'avoir compris son cœur, me donna une large part dans ses affections, et je me surpris plus d'une fois à me croire son enfant et à l'appeler ma mère.

« C'est qu'en ce temps, la douleur m'avait visité, et de pénibles séparations, que vous connaissez vous-même aujourd'hui, avaient brisé mon âme. Elle me consolait, m'encourageait, jamais je ne sortis d'auprès d'elle, sans me sentir moins malheureux. Et chaque fois que l'épreuve vint s'abattre sur moi, je trouvai toujours en elle force et appui.

« C'est dans ces conversations, ces épanchements fréquents, que j'appris à la connaître, et elle m'apparut comme une âme d'élite, s'élevant beaucoup plus haut que les devoirs nombreux et difficiles qu'elle avait à remplir, et sous lesquels elle ne fléchissait jamais. Les idées élevées, les grandes choses, lui étaient naturelles et lui allaient comme d'instinct ; elle s'y complaisait, y découvrait des aperçus nouveaux dont souvent j'étais surpris. Mais c'était surtout dans les choses de la foi et de l'âme qu'elle était à l'aise et que son esprit et son cœur s'épanouissaient. Elle était vraiment de ceux dont Jésus-Christ à dit : « *Bienheureux les cœurs purs, car ils verront Dieu !* »

« Avec son organisation sensible et délicate, ses sentiments exquis, elle a beaucoup souffert ici-bas, pour vous, à cause de vous, ses enfants; mais Dieu lui a aussi méuagé la plus grande joie qu'elle ait ambitionnée. Elle qui estimait tant les religieux, qui vénérait tant les prêtres, elle vous a vu, vous, cher ami, devenir le fils d'Ignace. Elle a vu deux de vos frères monter au Saint autel. La première fois, à Lourdes, elle avait dit son *Nunc dimittis*. Dieu se réservait de la prendre à la seconde, et c'est du ciel qu'elle sera témoin de l'ordination du troisième de ses enfants.

« Il me semble, cher ami, que votre mère est plus près de moi, depuis qu'elle est allée à Dieu. Je rougis, en pensant qu'elle me voit de là-haut, de me sentir si peu digne de son affection ; mais il me semble entendre aussi sa voix douce et compatissante m'encourageant comme autrefois, et me poussant au bien. Votre petite notice produira sans doute le même effet et sur ses enfants, et sur ceux qui la liront. Elle continuera ainsi cet apostolat domestique que Madame Bernard a si bien exercé, et en assurera les fruits »

Veuillez, cher ami, croire à ma sincère amitié, et vous souvenir de moi dans vos prières.

J.-B. ALLART

Curé d'Escarbotin.

Amiens. — Imp. Alfred Caron fils et Cie.